¡Bienvenido a un mundo donde la magia y la naturaleza se unen en perfecta armonía! Te presento el emocionante universo de los aceites esenciales, donde los antiguos rituales y hechizos se encuentran con la energía de la madre tierra.

En esta guía, descubrirás cómo utilizar la increíble frecuencia energética de los aceites esenciales para potenciar tus prácticas mágicas, ¡dejando tus sentidos en una nube de felicidad!

Después de explorar el mundo de los aceites esenciales, quedé asombrada por los resultados mágicos que pueden ofrecer. Al ser una creación de la naturaleza, su alma pura y de elevada frecuencia, está siempre lista para ayudarnos en nuestro camino espiritual o propósito de vida. ¡Déjate consentir por su energía y benefíciate de ella!

Basándome en las propiedades físicas, energéticas y espirituales de los aceites esenciales, he descubierto estos sencillos pero potentes rituales que te sorprenderán. Espero que disfrutes mucho preparando los tuyos, tanto como yo.

Los aceites esenciales han sido utilizados durante siglos en diversas culturas por sus propiedades curativas y místicas. Estos aceites concentrados, extraídos de plantas, llevan consigo la esencia de la magia de la naturaleza.

AuRa

Preparando el escenario.

Embárcate en un viaje hacia el mágico mundo de los aceites esenciales y prepárate para el ritual. Antes de comenzar, asegúrate de crear un espacio sagrado que honre el poder de la alquimia.

Purifica tu espacio místico con el difusor de aceites esenciales. Deja que las fragancias de la salvia, el Palo Santo o el incienso floten en el aire para invocar la protección divina. Traza un círculo de seguridad, dibujando la esencia sagrada sobre la superficie del lugar elegido. Una sola gota de aceite en tu dedo basta para consagrar la zona con la alta frecuencia de los aceites esenciales.

Selección mágica de los elixires aromáticos

Cada esencia destilada en estos frascos posee mágicas propiedades y energías, únicas en su esencia. En tu ritual, escoge aquellos que vibren con las intenciones que buscas manifestar. Si en la elección te sientes indeciso, deja que el aroma de la lavanda te envuelva en una bruma de relajación y paz. O cierra los ojos y pídele al universo que te guíe hacia el aceite que mejor se adecue a tu intención. En cada frasco se encierran secretos espirituales, cada uno con su propia historia y propósito. Tómate el tiempo de explorar y descubrir cuál es la esencia que te llevará a conquistar tus metas.

Por ejemplo, el aroma de la lavanda invoca tranquilidad, mientras que el romero despeja el pensamiento y el incienso conecta con lo divino.

AURα

Magia con aceites y rituales.

Para bendecir objetos, velas o a ti mismo, destila una gota del aceite elegido mientras enfocas tu mente en la intención. Conjura estos rituales durante fases específicas de la luna, en días o momentos que se asemejen a tus metas. Permanece alerta a las fechas celestiales, para que tus rituales puedan florecer con los mejores frutos.

Rituales y Hechizos Básicos de Magia.

A continuación te comparto algunos rituales y hechizos muy básicos que puedes utilizar para iniciarte en esta aventura de los aceites esenciales y la magia.

Que todo lo que pidas sea siempre con las mejores intenciones, sin dañar a nadie.

Hechizo de amor y atracción.

Ingredientes:
3 gotas de Aceite de rosa.
3 gotas de Aceite de jazmín.
1 vela rosa.

Instrucciones:

Con destreza, untar la vela con aceite de rosa y aceite de jazmín, mientras te envuelves en la imagen del amor o la atracción anhelada.
Encender la vela y enfocarte en tu intención con devoción.
Dejar que la llama se consuma hasta el final, agradeciendo por el poder recibido y confiando en su efecto mágico.

Protección.

Ingredientes:

5 gotas de Aceite de lavanda.
3 gotas de Aceite de incienso.
1 vela blanca.

Instrucciones:

Ungir la vela blanca con aceite de lavanda y aceite de incienso. Enciende la vela y visualiza una barrera protectora que te rodea.
Di unas palabras, las que quieras: estoy protegida, soy bendecida, etc.

Deja consumir la vela, dando gracias por el servicio recibido y considéralo hecho.

Prosperidad.

Ingredientes:
3 gotas de Aceite de pachulí.
3 gotas de Aceite de canela.
1 vela verde.

Instrucciones:

Ungir la vela verde o puede ser también una vela dorada o amarilla con aceite de pachulí y aceite de canela. Enciende la vela mientras te concentras en atraer prosperidad y abundancia.
No escatimes en tu visualización, visualiza en grande y siente que ya es tuyo y así sera.

Deja consumir la vela, dando gracias por el servicio recibido y considéralo hecho.

Sanación

Ingredientes:
3 gotas de Aceite de eucalipto.
3 gotas de Aceite de árbol de té.
1 vela azul o verde

Instrucciones:

Ungir la vela con aceite de eucalipto y aceite de árbol de té. Enciende la vela y visualiza la energía de sanación rodeando a la persona, a ti o situación que necesita salud y recuperación.
siéntete agradecido y deja la vela consumir.

AURA

Despertar o Potenciación Psíquica

Ingredientes:

3 gotas de Aceite de sándalo.
3 gotas de Aceite de Artemisa.
1 vela violeta o morada.

Instrucciones:

Ungir la vela morada con aceite de sándalo y aceite de Artemisa. Enciende la vela, cierra tus ojos y llévalos con dirección a tu chakra Ajna o del tercer ojo, localizado en el entrecejo, mientras meditas sobre la apertura de tus habilidades psíquicas y la potenciación de tu intuición.

percibe la cosquillas que se genera en tu entrecejo, la energía y la apertura de este chakra.

Confianza y Valentía

Ingredientes:
5 gotas de Aceite de cedro.
3 gotas de Aceite de jengibre.
1 vela naranja.

Instrucciones:

Ungir la vela naranja con aceite de cedro y aceite de jengibre. Enciende la vela y concéntrate en aumentar tu confianza y valentía en el momento que surja una situación desafiante.

Confía en que esta hecho y enfrenta la situación con la convicción la situación esta resuelta sin problemas.

Fertilidad y Crecimiento

Ingredientes:
3 gotas de Aceite de Geranio.
3 gotas de aceite de Ylang-Ylang.
1 vela verde.

Instrucciones:

Ungir la vela verde con aceite de geranio
y aceite de ylang-ylang.
Enciende la vela mientras te concentras
en la fertilidad y en tu poder creador.
Coloca tus manos sobre el vientre o
SVADHISTHANA (chakra sacro o
segundo chakra).
Si es para el crecimiento, ya sea
relacionada con plantas, proyectos,
desarrollo personal o cualquier otra cosa.
simplemente medita en el tema y los
veras crecer.

Sueños Lucidos y proféticos.

Ingredientes:

5 gotas de Aceite de lavanda.
3 gotas de Aceite de manzanilla.
1 vela indigo, violeta o morada.

Instrucciones:

Ungir la vela con aceite de lavanda y aceite de manzanilla. Enciende la vela antes de acostarte y mientras vas quedándote dormido, medita sobre potenciar tus sueños, pide que la verdad te sea siempre revelada o que se te entregue la información a travez de los sueños.

Retira energías y personas negativas de tu entorno

Ingredientes:

3 gotas de Aceite de limón.
3 gotas de Aceite de pimienta negra.
1 vela negra.

Instrucciones:

Ungir la vela negra con aceite de limón y aceite de pimienta negra. Enciende la vela y concéntrate en desterrar la negatividad, malos hábitos o influencias no deseadas de tu vida.
Piensa en todas esas energías siendo absorbidas por la vela con aceite esencial y mientras se consume, visualiza que la energía negativa se consume y desaparece de tu vida.

AURA

Sales de baño para Amor y Pasión.

Ingredientes:

Sales de baño.
5 gotas Aceite de vainilla.
3 gotas de Aceite de Rosas.
2 gotas de Aceite de jazmín.
1 Cuarzo rosa.
1 vela color rosa.

Instrucciones:

Poner en la bañera con agua, la sal y los aceites esenciales.
Enciende la vela y colócala junto al cristal.
Sumergirse en la bañera hasta el cuello.
Mientras, siente la sensualidad de los aceites y como se vuelve parte de ti.
Visualiza tu relación perfecta empezando por ti misma luego con tu pareja ideal o actual.

El aroma de esta mezcla te brindará un efecto de relajación y calma que puedes aprovechar para meditar.

Acompaña este ritual con tu música suave favorita o un mantra (opcional).

Antes de finalizar, agradece tres veces los beneficios recibidos.

Al salir de la bañera si te incomoda el efecto de la sal, puedes sacarla solo con agua y dejar que tu cuerpo se seque solo sin utilizar toalla.

No apagues la vela, llévala a tu altar o algún lugar de la habitación hasta que se extinga, coloca el cristal a su lado.

El cristal puedes dejarlo al lado de la cama en tu mesita de noche o llevarlo en tu bolso como amuleto y utilizarlo cada vez que hagas ritual y así lo podrás recargar.

AURA

Amuleto para abundancia económica.

Ingredientes:

3 gotas de Aceite esencial de albahaca.
3 gotas de Aceite esencial de menta.
3 gotas de Aceite esencial de laurel.
1 saquito dorado o amarillo.
Papel y lápiz.
1 piedra citrino pequeña.
1 vela color dorada o amarilla.

Instrucciones:

Invoca las energías de la abundancia.
En el papel, escribe específicamente lo que deseas.
Sé preciso sin rodeos ni dudas.
Haz tu petición como si lo tuvieras, y solo quieres que se materialice.
Mezcla los dos aceites esenciales y unge la vela con ellos, y coloca tres gotas de cada uno de los aceites en la hoja de laurel y permite que esta se impregne de ellos.
Enciende la vela y coloca el cristal y la hoja de laurel a su lado.

Visualiza recibiendo aquello que has pedido y da gracias porque ya está llegando y es tuyo.
Adicionalmente, puedes poner tu difusor con los dos aceites esenciales.
Esto creará un ambiente mágico y lleno de energías de abundancia.
Deja consumir la vela.

Antes de finalizar, agradece tres veces lo recibido, aunque no puedas verlo aún.

Finalmente, coloca la hoja de laurel y el citrino en la bolsita y llévalo contigo en el bolso, preferiblemente en el área donde llevas el dinero.

Estas prácticas te proporcionan una amplia gama de intenciones mágicas, desde sanación hasta la potenciación de habilidades psíquicas y el fomento del crecimiento personal.
Recuerda adaptar estos hechizos a tus necesidades específicas y utilizar aceites esenciales con cuidado y respeto.

Espero que esta guía de hechizos con aceites esenciales haya encendido la chispa de la magia en tu vida.

Los aceites esenciales son herramientas poderosas que te conectan con la energía de la naturaleza y te ayudan a manifestar tus intenciones más profundas.

A medida que continúes tu viaje en el mundo de la magia, recuerda siempre respetar el equilibrio y la armonía con el universo que te rodea. La intención, la atención y el amor son clave en cualquier práctica mágica.

Que estos hechizos te guíen hacia un mayor entendimiento de ti mismo y de las fuerzas místicas que nos rodean. ¡Hasta la próxima aventura mágica!

Aura.

El éxito de los rituales está íntimamente ligado a la calidad de los aceites y materiales utilizados, pero, sobre todo, a las intenciones que se le impriman.

Los aceites esenciales son altamente potentes y, por ende, requieren ser utilizados con precaución.

No deben ingerirse sin la debida supervisión. En caso de padecer condiciones médicas o estar en estado de embarazo, se recomienda consultar previamente con un profesional de la salud.

Es importante también realizar pruebas de sensibilidad y almacenar los aceites en un entorno adecuado. Cabe destacar que cada persona es única y, como tal, la responsabilidad del uso de los aceites recae en el usuario.

AURA

Aura es una especialista en lectura de tarot, reiki y magia con aceites esenciales, con un amplio conocimiento y habilidades en estas disciplinas energéticas.

A través de la interpretación del tarot, ofrece orientación, mientras que el Reiki ayuda a equilibrar la energía vital.

Además, utiliza la magia de los aceites esenciales en rituales para el bienestar personal.

Esta guía puede darte algunas bases para ayudarte a encontrar armonía, paz interior y superar obstáculos en tu camino hacia el crecimiento espiritual, personal y bienestar emocional.

En consecuencia, ni el autor ni el editor asumen responsabilidad alguna por cualquier consecuencia derivada del uso de los aceites esenciales. Utiliza los aceites esenciales con conocimiento y cuidado.

Es importante destacar que estos rituales no buscan sustituir ningún tratamiento, sino complementarlos de manera alternativa.

© 2024 AURA VIDES
Impresión y editorial: BoD – Books on Demand
info@bod.com.es - www.bod.com.es
Impreso en Alemania – Printed in Germany
ISBN: 9788413734705

AURa

Mini guía para conectar con la energía de la naturaleza y la espiritualidad a travez de los aceites esenciales.

www.aurasoulhealer.com